AF276230

ENTRE MANGOS DE ATAÚLFO

ENTRE MANGOS DE ATAÚLFO

RAÚL CHÁVEZ CASTILLÓN

Valparaíso
EDICIONES

Número 473 de la Colección VALPARAÍSO DE POESÍA
dirigida por FEDERICO DÍAZ-GRANADOS

Diseño de la colección: Chari Nogales

Maquetación: Ciclo Creativo

Primera edición: febrero de 2025

© De los poemas: Raúl Chávez Castillón

© Valparaíso Ediciones
   C/ Fray Leopoldo, 7 bajo, 18014 Granada
   www.valparaisoediciones.es

   ISBN: 979-13-87538-32-3
   Depósito Legal: GR 152-2025

   Impreso en España - *Printed in Spain*
   Gráficas Gami

Cualquier forma de reproducción, distribución, comunicación pública o
transformación de esta obra solo puede ser realizada con la autorización
de sus titulares, salvo excepción prevista por la ley. Diríjase a CEDRO
(Centro Español de Derechos Reprográficos) si necesita fotocopiar o es-
canear algún fragmento de esta obra (www.conlicencia.com; 917021970
/ 932720445)

*El papel utilizado para la impresión de este libro está calificado como papel ecológico
y procede de bosques gestionados de manera sostenible*

ENTRE MANGOS DE ATAÚLFO

Para Nicolás, hoy y siempre
A Nayarit.

TEMPORADA DE MANGOS

"Quizás mi vida a tu lado sea eso:
Un paseo distinto por una ciudad que aún recuerdas".
MARISA MARTÍNEZ PÉRSICO

MÁNIDO

Todavía queda alguna suerte de playera tuya
en el perchero de mi armario,
una caravana de hormigas
buscando el azúcar de tus envoltorios,
un cepillo extra en el gabinete del baño.

El ausente de hace tiempo,
        cuando niño
                antenas parabólicas
                de alféizar escasa, ufano,
las yedras del alero, la luz de mi ventana
        con ansiedad de infinito,
                con plenitud de distancias,
        este nido que es rosa y será espina.

Señales hacia el arriendo de mi alcoba,
la ecdisis de lo que fue cotidiano,
vestigios que se disipan, noche cálida
la célula de una voluntad fracturada,
        un eco tenue
cual pelaje de zorro en pasto seco
en el ronquido de tus sueños y saguaros.

De San Blas, vine de muy lejos
once mil seiscientas toneladas de mango
y cien mil jabas de pepino
exportaciones, cuotas y divisas,
        el dólar no baja,

nadie se atreve a decir hasta dónde caerá el precio del crudo,
políticas con metralleta,
reordenación de la deuda pública,
los indocumentados, el desarme nuclear,
el mejoramiento de la franja fronteriza.

Hoy mi ser es un estuario
buscándote en mareas ajenas,
     como la copa de un eucalipto, ávida,
         intentando alcanzar otros soles,
             imitando el vuelo de Ícaro.

La voluntad que se esfuerza en discernir alegorías
lejanas,
     con el paso del tiempo caí
alejado de los pantanos y el gabazo,
de las luciérnagas y su código morse
     … · · · · · ··
        en el mismo lecho, al sur de tu costa dorada.

Me encuentro lejos de tu orilla,
donde el orgullo y la yesca se confunden.

Por qué no vuelves a convertirme en morada
entre el espacio que aún te distingue.

VOYEUR

Yo tan solo pido
que emparejes tu puerta
que me apartes la mirilla
donde puedo mostrarme franco
como una charla de almohada
en mi hora más vulnerable
se mi óbolo y yo seré tu Caronte
cuando izas mis banderas blancas
y besas lo que queda de mí entre tu nieve
y la melatonina de mi recámara
paraíso de las garzas.

Vivir a través de tus vicios
encarnarme en tu álveo, lirio
penas civiles y criminales
a quien quiera salir de las sombras
hacer un lugar común
de los lugares que aún no me reconocen

Insomne, si me regalas un mañana
mis yemas serán el apósito
que detengan tus impulsos
cuando busques momentum

Y volveré la mañana nuestro paliativo
allá afuera el mundo continuará su marcha

FILOPATRIA

Eres de las pocos que me han visto
lleno de raspaduras,
  desde el principio ambos desorientados
  en medio de tu combustión libre.

Quizás en este instante vez una estatua de Colón
apuntando con su dedo de bronce hacia mi recámara,
Hidalgo, Morelos, Washington, Bolívar,
Sucré, San Martín, Céspedes y otros tantos,
el control de la nación sobre sus propias fronteras
la antigua capital de la Nueva Galicia,
los colibríes no existen en el viejo mundo.

Decías que te gustaba el verano
y ofreciste luciérnagas, noches de lino.
  Las puestas en marcha son tan casuales
  bajo la misma borra y los mismos melindres.
La línea que separa el cielo de la tierra
  cabía en tus bolsillos.

Acercabas tu mejilla a la mía
en un doblez tu pecho turbulento
  al que volvía cuantas veces lo pidieras.

Ahora no puedo alzarme en tus aguas
soy un comensal más en tu restaurante
supongo que llegamos a ser lo suficientemente íntimos
para omitir la despedida,

la mancilla del tiempo
donde a veces transbordas.

Lanzados a la calle por terratenientes y arrendatarios,
penas civiles y criminales
la defensa de nuestra soberanía

Nos faltaron falanges para sostenernos,
¿Eras cigüeña o mirlo?

¿De jure o de facto?

¿A qué distancia dejé de ser refugio
y tú te convertiste en lindero?

¿Y si te hubiera alcanzado el tiempo
para desentrañar a qué soy devoto
entre mis pausas y sigilos?
para dar con aquello que surgió de mi brea
y no emergió de ningún vientre.

¿Te afectaría el trinar de mi rambla?
¿Habrías permitido que te plantara esos besos
con mi boca muda y llena de almizcle
o guardarías mi epitafio en silencio
paradejarmecaerinevitablemente?

BLACKJACK

Comprendo la dinámica y los componentes
                    de tu vals,
de tu ruleta rusa.

Simiente criolla
en las niguas de tus barboquejos:
la herencia de Adán.

Desconozco cómo se puntúa
o qué intención se oculta en los recovecos
            de tus pisadas y balas huérfanas
imprescindibles, los bardos en ciernes,
¿qué pasa con la sierra
                    cuando me encañonas?

Duermo al revés de un recetario
entre páginas de tierra firme
encadenado al mundo entero.

Para descubrirme entre los naipes de tu mesa
acoquino mangos petacones
            las pacas al alba
antes de que mis dedos jueguen en tu resina
te dedico todos mis granos: frijol, arroz, maíz
superávit, cuotas de exportación
telegramas a otros mundos
            bajo el terciopelo y los aranceles pendientes
nuestra permanencia será hasta que ya no sea necesaria.

No sé de quién es la mano que gira el revólver
sí es tu mira la que me apunta
o si en esta procesión te ofrezco más que mi temple
crustáceo sin documentación ni guía.

PARLAY

"Yo no estoy y estoy
estoy ausente y estoy presente en estado de espera"
VICENTE HUIDOBRO

Hay siete horas de merma entre tu riera y mis avenidas.

La amapola no es muy distinta
al cosmos de nuestra primera patria.

Espero que el barullo, el salitre
    nativismo,
        pasaportes
            y tarjetas de seguridad social
    no difieran tanto de los míos.

El calor nocturno acaricia tu desamparo
    como si se apostara el tiempo
    mientras paseas por *Gran Vía.*

Soy el romero que baila en un vecindario gitano
con todas sus distancias y proporciones,
refugiados de buena fe, amenaza de aliento,
el eco de una castañuela,
    el calostro de tus plazas tempranas
        trémulo incluso de ser censado.

Esta sala es una isla al oeste de tu archipiélago
entre maniobras parlamentarias y dilatorias
que no llegan a parte ninguna,
cuotas de inmigración asignadas a dos hemisferios.

La pradera que lleva a Puga
aún se pinta de naranja cada octubre.

Creo que por fin he aprendido a nombrar tu cofradía.

FISALIA

Hueles a madera de muelle aguardando una embestida
deambulas entre neblina y canícula
juventudes lejanas.

La manera en que te asientas
en los senderos de mi memoria,
proteccionismo
comparecencia
regularizar en actos de voluntad tu situación migratoria
la emoción de izar tu velero
asimilar el retorno
mi aventura más ingenua.

Que suerte la mía que partes y vuelves
irrestricto
oneroso
al tiempo que transito estaciones frías
hacia a otras más cálidas,
la alborada feroz
que no distingo entre el sol y tu palapa.

Qué dicha encontrarte en la fugacidad
que tu cimbra sea el acontecer absoluto:
la floración de la biznaga,
todo aquello que conspira como preludio
o instruye a nuestros dientes.

Los *Guayacanes* de la plaza de armas
ya los veo tan flacos
rosados, amarillos, arañando el cielo.

Si alguien pidiera razones sobre cómo la luz
se filtra oblicua entre tus rendijas
                no sabría explicarlo.

El sonido del mortero o de cómo me rindo
entre tu tierra yerma y tu libre albedrío,
tu aljaba seduciendo la tierra cerril.

Vuélveme a tu sitio —dentro y fuera—
serás *Beuys* y yo tu coyote.

Te ofrezco palabras,
                agotar viejos continentes
y, sin embargo, me costará nombrarte.

CHECKPOINT

Déjame llevarte al ápice,
　　　al límite de todas mis ciudades
para perdernos en las costas fluorescentes;
para sentir la arena tocando nuestro,
　　　deambular entre malecones
con palmeras llameantes y danzas estorninas.

Déjame verte pleno:
embriagado de mí,
volver a ti
　　　impulsivo, obstinado
　　　como un fraile que escala hacia su ermita,
una ola acariciando playas vírgenes
　　　o golondrinas vagabundas
buscando un balcón entre la tromba
　　　o perderme en los retenes y fronteras
　　　　　　de toda tu violencia.

Encuentra la manera de invocarme
　　　entre lunas y espigas con tu nombre
en la novena nube, bajo la buganvilla
　　　o aún durmiente entre tus tabacales.

Mazzoli, Simpson, Rodino
se suspende la expedición de visas
　　　cuotas para exportar
　　　　　calificar
para la amnistía

éxodos masivos
  irte de un campo a otro
    de la alocución intimidatoria a la súplica.

Nacer entre lo que te es cotidiano
  sean latín o jeroglíficos,
rambutanes o nísperos
en la madrugada
  cuando vuelves a tu casa
    entre tragamonedas y *blackjack*
o la tinta de poetas muertos.

—Las ausencias son solo bastidores,
  la intimidad es un salto de fe—.
Deja te llevo al filo,
al límite de mis ciudades
aun cuando no pueda seguirte
al filo de las tuyas.

CAIDA DE BALLENAS

Él es el sitio que existe
entre la memoria y la fuerza que evoca un recuerdo,
En el potrero de mi abuelo una vez vi cocodrilos.

Lo esencial de la lavandería
calcetines entre *mecates* y pinzas
contrabando de camarón,
se roban caguamas de los litorales;
a los poetas no los sufren ni los dioses, ni las piedras, ni los
hombres;
el dólar a cuatro pesos con diez a la compra
y a cuatro con dieciséis a la venta;
una coartada de la rigidez y la voracidad
de esta ciudad al noroeste de ningún lado,
el hogar que fueron tus manos sobre mi cara
Cerro Blanco, La Guásima
Puerta de Mangos, El Tizate.

La sensación
que me arrastra a dormir suavemente,
que me alza en su bolsillo
entre abismos benignos y orígenes.

Él es baluarte y parapeto
contra la apnea que me gobierna,
vértigo retirando letargos de repente.

Este impulso de ir al norte.

INTERESTATAL - 215

Estábamos ocultos, cecilias entre el fango,
fascinados por las siluetas que danzan sobre el concreto
cuando la luz se contrapone.
Se nos cree pobres y alejados,
deficiente jonuco, estanquillo
guamos, tepezapotes embarrenados.

Nuestras corolas se volvieron arrugas evidentes en la nuca
y nuestra determinación se aligeró ante el desfile
fúnebre del tiempo
que convierte en arena a los cangrejos
y vuelve polvo las penínsulas
poner las mejores frutas encima y las peores por debajo.

Latifundistas simuladores
con la mayor prestancia produjeron pérdidas totales
de frijol, sorgo, maíz, chiles y trigo
cafetales de capulín y pergamino;
reemplazaron el mango Tommy, el Kent y el Heiden
por un montón de mangos enanos.

Disponibles dispuestos, canonizando puentes;
feroces, distraídos,
deslizándonos en el pavimento
            aprendiendo fonemas nuevos,
resistiendo a la marga.

Escuela especial de inglés "americano"
ofrece: carrera de técnico en inglés,
se habla español.

Destinados a improvisar con una caja negra,
aprendimos con el tiempo a ser humanos y anfibios.

BIDÚN

Busco garantía de que existes en una superficie
más allá de este hemisferio,
un ave costera en mercados locales;
      el gesto desinteresado de algún ateo
                    de vuelta a casa;
el reptil que esconde su siseo sobre las hojas de tabaco
      o entre mangos ataúlfos,
menguar nocturno sobre el más frágil cuerpo de agua
un lugar distante de las medidas
      que marcan nuestros pechos.

Quédate al final de este velorio,
te prometo algo palpable en cada partida
donde el exilio y un finiquito nos alcance.

Trabajos que los nacionales dejan por ser pesados
      aumentarán las tarifas
          para el perdón absoluto
hostigamiento y despidos masivos
      por la violación cometida
viciosos, promiscuos, cerca de la indigencia

México un juguete de lujo de cualquiera de las potencias

Anoche extrañé el contacto
de tu colmillo torcido en mi mandíbula,
deambular por tus valles
¿aún te perfila mi gubia?

Siempre me faltó vivir
      en una o dos de tus estaciones,
existir más allá de esa porción de tierra
donde siempre besa el sol,
la felicidad asequible de una mudanza.

SUJETOS TÁCITOS

Eras voz de lo ausente,
sopor que se oculta en burbujas.
Buscabas un sentido en ideas heridas,
cardúmenes y arrecifes lánguidos,
un barro vahído.

El sentimiento de libertad
una subclase en la sociedad estadounidense.

       los intereses nacionales,
            hegemonía supuestamente perdida,
                gigantismo de una potencia
                   la voluntad política.

Mi verso fue parvada
que en penumbras se irguió
resistente a cortes marciales
      al doblez de mis campanas.

Fuiste un eco aguardando un instante
      que no requería de pérgolas
y yo un albatros que voló
sobre horizontes de benceno,
sobre cauces heridos.

Mi espalda, un pasillo virgen
      con la anchura suficiente
         para el cuerpo ermitaño
      que se movió con reserva entre mis cañaverales.

Desde entonces
nos sentimos Atlas o Sísifo,
el pájaro del que habla Huidobro
al que le duele el cielo.

Nuestro yelmo fue el frío.

RIVERSIDE

Me observas
    bajo tus naranjales y tu bruma
        estoy buscando refugio,
    forastero.
Murmullo errante, crezco de la tierra estéril.

Cosquillas de vida en tu océano primario
    bicuda, nubes de polen, bullanga
        el juego de las veinte preguntas:
            sabes a norte y conmutaje.

¿Eres consciente
de lo que aguarda bajo tus párpados?
        ¿sabes con certeza
    —de calabazas y lunares—
        mi rutina?

Mariposas encerradas en alcancías de aluminio
    miraba siempre al piso
        entre Celosías y organilleros.

            Benjamín, Demetrio
                hay vocación en el
        desierto.

Busco un espacio
    bajo tus manos brutas,
ser uno entre tus venas férreas.

El ladrido del perro más flaco
entre *Magnolia y Brockton Avenue.*

No ser el epicentro de tus constelaciones,
me conformo con ser un punto más
en algún local de *Downtown Riverside.*

Tú que arrebatas juventudes,
toda mi vida cabe detrás de tu limen
cada escardilla
        espera ansiosa tus céfiros
con la emoción de los moluscos.

OFERTA DE TRABAJO EN WESTMINSTER

Me pregunto si el vendaval que azota tu balcón
      es como tú.
Si sientes su caricia cuando sopla
escapando a través de tu ala de vencejo,
cuando cambian los pliegues de la libra esterlina
o cada que transbordas en estación *Paddington*.

¿Es que acaso eres tú el mensajero de mi primavera
      o quien la inventa año con año?

¿*A luego* tu lengua se volvió una batuta
           o la raíz que quiebra el pavimento?

¿*A luego* te sientes eterna pupa
      o por fin dejaste atrás todas tus crisálidas?

Aun no se si soy
de los que se sumerge o de los que salta
cuando viene la ola.

EL VOLVER Y SU EXHORTACIÓN

Quédate conmigo
piloncillo, hervidero en alboroto,
no confundas mi piel con selva.

Permíteme ser el punto ciego de tus manglares,
entre tus pies y el asfalto.

Seré un peregrinaje de cauces heridos,
la hoz que cercena la mala hierba a bocajarro.

No he cambiado mucho en estos años.

Vuelve a reconocerme
            en la ciudad que dejamos
entre tus pies y el asfalto,
poblar las aceras cobrizas,
el camino de piedra y el adoquinado
            para elevarnos en el cielo:
un enjambre sobre el dulce de camote.

La felicidad oscila en el filo de agujas y alfileres
alas de luciérnagas barren nuestra geografía.
Me deslizo a tu vacío de sombras despiertas,
juego al límite de tus barandales:
soy el perro que lleva algo muerto a tu porche.

Concédeme una última pieza
y te ofrezco renacer en tus desiertos y flores de naranjo
ser el cubil que nos hizo falta.

ENTRE MANGOS DE ATAÚLFO

"La voz de tu deseo no pudo obedecerte,
algo de ti regresa sin permiso a la dictadura de la luz
donde el calor instaura su pesadumbre,
donde la muerte se repite y te tiende la mano."

MIJAÍL LAMAS

⌂ ⌂ ⌂ ⌂ ⌂

—Enséñame a dibujar Tía Blanca—, dije,
cuando las ninfas yacían enterradas
en la profundidad de mis cañaverales,
antes de que la antorcha al filo de la gruta
forjara un contorno que tallara mi semblante.

En la radio decían:
Sin oficio la mayoría de las edades productivas,
aumenta el número de holgazanes,
los menos sostienen a los más,
la población rural se va rumbo a la unión americana.

Solía perderme en lugares recónditos:
mi madre y yo *rancheábamos*
en medio de morones, cuetos
        y dinosaurios de plastilina;
hubo recreos, enciclopedias,
        perros que *quedaban pegados*;
inmersos en la bonanza
        de las serpientes y sus cascabeles
y una *beretta* que descansaba
        sobre la cómoda del abuelo Benja
                en un vértice de su recámara.

Esos fragores se volvieron ruinas
que mi memoria aún resguarda.

Por alguna razón,
	Mami Anza, Tía Blanca,
hay un techo a dos aguas que se mitiga
sobre papel y acuarela
tiene un tejaban de adobe y una chimenea,
	como si alguna vez hubiera visto
		esa clase de *remozos*
entre el volumen que existe
por debajo de la mesa, entre las sillas
	bajo la maraña de cables
		que cubren nuestra casa.

La indiferencia del tiempo sepultó mi oficio
	bajo arcilla colorada
Rosamorada, Santiago Ixcuintla, San Blas, Tecuala,
o quizás solo estoy condicionado
	desde que era pequeño
		a la añoranza de lo distante y ajeno
		con la firmeza de una prensa hidráulica.

COMITAJE

Cuenta las veces que prometiste volverías
y soñaste que el adoquín de tu pueblo
se mezclaba con nuevos bulevares;
            —los planes a futuro —;
donde sentirte vivo era una inversión a largo plazo;
contribuir al sustento
            o algo que generara plusvalía:
                        una casa de taza y plato.

Qué tanto queda después del desierto
junto a la Villa, en el Monte, se alza la contaduría.

En otra vida mamá pagó el tiempo compartido,
no te hicieron un legrado
¿cuánto tiempo ha estado el *Derby* en el paredón?
            ¿me prestas un peso?
            yo sé que tienes un peso,
                        ¿usted es el papá de Raúl?
                                    Raúl me debe un peso.

NUEVE CINCO UNO

"La ausencia es una forma de invierno"
Luis García Montero

Pensé que conocía el frío
sus témpanos añiles,
índigos que desafían las aguas salinas,
        voces que se quiebran en la escarcha,
           latidos lacerados, consumidos.

Demetrio, con acto sencillo, dejó pendiente
lo que sea que un padre le enseña a un hijo
—¿El nado libre,
      el cuatro en mano, el medio *Windsor*?—

Pensé que conocía el frío
cuando mi madre y yo, silenciosos
entre la ausencia de la gravedad y el equilibrio,
      acudimos a un desalojo abrupto
          un reajuste de vínculos.

      Estos vientos, sin embargo, son distintos.

Jamás aprendí los signos, los códigos
      para definir la casa
o el arte de ver lo que los años vuelven transparente
mi primera vez en bicicleta fue cerca de los trece,
      cuando descubres que algo falta
y sobra lo que el mundo ofrece.

Ahora —en el presente— carezco de abrigo
contra esta avalancha indiferente,
he sometido a la añoranza
construyendo laberintos
para el deleite de su deambular,
mi abuelo alguna vez me dijo
        que no hay refugio para la cigarra
                que habita bajo injertos de
escudete.

Las habitaciones alquiladas
        son un dedal sin buen recaudo
encuentro qué falta
antes de cruzar el umbral.

                En el frío no hay clemencia.

VERGEL

I

Cuando era niño,
las orquídeas eran flores esquivas.

Mami Anza una vez compró una orquídea,
le encontró un sitio en su jardín
sobre las ramas de un duraznero
     y un montículo de estrato.

Cada año la orquídea se pavoneaba entre tonos magenta
y lila,
        cabañuelas intensas
el agua constante pudre toda clase de siembras,
     de tierras labrantías.

Mami Anza la cuidaba mientras tejía historias
entre rituales de orbes de fuego,
nos decía: dales de comer antes del primer bocado de tu comida
y a veces ayuda hablarles como si fueran personas.

II

Desde chico me cubrí de agnosticismo,
me costaba la devoción de mi abuela,
especialmente porque no veía la magia
en regar flores con agua destilada
      o llenarlas de tiamina.

Me pregunto si les contó su vida
            antes que la ceiba en su vientre
                        se alzara
corpulenta.
Si les habló del tiempo en que mi abuelo y otros hombres
la forzaron a olvidar lo tangible
y contemplar el mundo desde el filo de una cocina.
Si les habló de cómo le preocupaba el nuevo matrimonio
de mi madre
o de cuando se llenó de camelias el vientre de mi Tía Blanca.

La orquídea no vivió más allá de febrero
      y el duraznero, mudo, fue talado.
Poco a poco se desplomaron un montón de pétalos
      kamikazes, *pólipos,*
la primavera quedó sin memoria.

III

Mami Anza, del otro lado en *Riverside*,
la orquídea es ornamento,
        abundan durante todo el año
y cuando sus pétalos se rinden al clima
simplemente van a la basura.

Su juventud y belleza las hace presas de lo efímero,
        la premura lastima la paciencia.

Mami Anza, cuando una orquídea perece en California
        basta viajar hasta un vivero para comprar otra.

MUÉRDAGO

Escasez de lluvia
la milpa está creciendo más delgada
muerteras, crisoles, fosas
silencio necesario
     violenta imposición
        impactos de mortero
a tres latidos por segundo,
     arrugar la nariz y resignarse,
        untarse árnica,
estragar ánimos, aceptar apetencias.
        Humor, el vicio de mi pueblo.

Créditos baratos,
inseguridad en la tenencia de la tierra,
la gasolina ya cuesta igual que en los Estados Unidos,
bienvenido a Nayarit
entre dos colosos y tres ciclos agrícolas.

Orientar la marcha de las juventudes,
al trabajador más apto,
     al hijo ideal, al ciudadano responsable,
        al mejor hombre.
En Santiago traen inmigrantes del sur de México
a la cosecha de impétigo
tejido gangrenado
     en pichilingue
muertes maternas y de niños,
     los dueños no son de por aquí
     mi corazón es su patio de recreo.

Cerca del lienzo junto a la mata de chile
mango, ciruela, yaca, nanchis
frutas baratas y de fácil acceso
productos con alto índice glucémico.

Cargarás aeropuertos y autopistas en tu espalda,
                    colocarás *no-lugares* en el mapa.

Kenna, Patricia, Willa, Roslyn
                              Patria, honor y fuerza.

Se alarga la sequía
el silencio se vuelve un reclamo,
          la indiferencia un rezongo,
hay un cáncer destruyendo las ciudades que toca,
sueña el tacto del diamante
la ambición de lo imposible,
oro y plata, perlas finas, maderas y aves raras
poseído por demonios cardinales
ciego en cansancio y migrañas
ligeramente sordo, bofo de rabia.

El gusto por caminar ha cesado,
          un cougar con un topaz
                    un new yorker con un lebarón
un century con un celebrity de regalo.

Herencias primitivas
entre el ámbar que cuelga de mis manos.
Monedas raras, sellos de correo, puertas y zaguanes, trancas,
camastros

vetustas casonas pueblerinas
que la imaginación de un yanqui hará figurar como algo
antiguo
merolicos a la entrada de los templos
        te hacían creer que las puertas
                estaban hechas de la cruz del Calvario.

Barro vahído que exige mi carne
con un falso toque de Midas.

Un cogollo de oblea esmeralda,
        codeína, amapolas,
astillas compradas a buen precio,
demonios cardinales.

        ¿Alguna vez has leído que alguien inmigre a Gomorra?

El cáñamo crece en California
—valle de plagio y aroma—
entre manos indocumentadas,
deja te mezo en la resaca
por doscientos sesenta y cinco dólares la onza
o te dejo a mil doscientos la libra.

PALAPAR

Nos apropiamos la espera
            de ciertos poros,
la nostalgia es el arma definitiva,
el tiempo, una pistola cargada.
        Tratamos de hacer tierra
donde se deja, a testamento abierto,
        las esperanzas y huidas.

Complicaciones, comorbilidades,
        derrames y melenas.

En una casa grande
cada cambio de habitación
comprime el espacio,
trae consigo paredes más angostas.

Tomar el viento,
venadear entre el vidrillo
            piedras herradas,
camichín, capoma.
Este presidio es el más poblado.
Se pespuntea el camino con los pies.
        Coamil, copeya.

A veces sueño que camino cerca de tu avenida
y de pronto, alguna de tus ausencias
        es más que un desgarro,
es como un memo de cubículo

que, entre lo onírico y lo real,
    se abate sin tregua.

Jareabas entre
        fuegos fatuos
sentiste calor del malo
y yo mostré un codo al cielo.

Un jaula de oro incrustada
entre mis pulmones,
palabras madrugadoras,
        leguas calculadas
                por el camino de tu costa.

El mundo ya no te comprime,
el espacio es tan vasto e inabarcable.

¿Me atestiguas cada vez que te enuncio?
Tu casa es un dúplex tragado por mis humedales.

La vida cobra sus aranceles
incluso bajo las raíces de un mangle.

CAJA NEGRA

Tengo 11 años, ahora y para siempre.
Balam Rodrigo

Soy un niño de anhelos imposibles,
mi apariencia yace sin peso
en las desventuras y odiseas que paso
sin importar cuánto oro tengo.

La tierra es el polio que tuerce mis pasos con manos de lodo.

De la lucha en el campo, a la cárcel
se agota el camarón y el agua.
La desgracia de los campesinos,
once mil solicitudes para resiembra,
pérdidas totales en cuarenta mil hectáreas de tabaco virginia.

Soy despistado, fuera de zona
vagabundo de coordenadas
con problemas para recordar rostros
un relojero de instantes puntuales.

Mis pasos son contradanza
            desde que tengo memoria,
mi cuerpo cedió desde el inicio
            al celo de la arcilla,
atento al tiempo y sus medidas huecas,
            insatisfecho con el éter,
anhelando nuevas fronteras.

No sé cómo habitar
una ciudad que me percibe añejo.
Padezco como cualquier otro humano,
cuida tu raza como el encino,
su creencia y abolengo,
falsamente humilde en veredas modales
que el sosiego refleja la intuición engreída
sus costumbres, su destino
pero sobre todo vacilante
en busca de aprobación masculina.

Soy agua salada vestida de humano,
          arroyo, ciénaga,
la fanfarria que anuncia el otoño,
la obertura que marca el ocaso,
a veces, un artrópodo bordando con su vulva
          un traje y cuello blanco.

La audacia de Dios de negarme un oficio tan austero.
Pero sobre todo soy un niño
contemplando cómo el verano acaba.

DISPEPSIA

¡No te tragues las semillas!
—solía decirme el abuelo Raúl un verano
mientras caminaba de su mano por Avenida Ejército—
terminarás empachado.

Uno de esos milagros
que hemos terminado por aceptar
sin el menor sentido de admiración.

En aquellos días, competíamos
por ver quien lanzaba las semillas más lejos,
a veces con hilos rojos en la barbilla
otras con manchas rosas sobre la playera.

El hilo negro de la imaginación
          el mejor amigo del niño, tu otro yo
solo para cuates,
               tienes veinte segundos para ajustar tus emociones,
pasión, ternura, melancolía
          ideas limpias, al aire
                    en tus cinco sentidos.

Luego llegó el momento en que mi cuerpo creció
al igual que las semillas que escupíamos.

De pronto, un día, la sandía solo tenía pulpa y jugo
a veces el abuelo Raúl ya no se la comía
y quedaba en la mesa partida
toda seca, con la huella de los días.

...al servicio de la comunidad
pedimos su ayuda para localizar a Víctor Gama de veinte años
se ignora su paradero desde el 28 de mayo del año dos mil,
Salvador Uribe ausente desde el dieciséis de mayo,
Yadira Villanueva de 23 años se extravió el cinco de mayo
cualquier información favor de comunicarse...

Desde entonces me volví muy selectivo
con la fruta que como en verano:
evito la sandía sorda
y el melón que, al golpearlo, suena chapoteado.
¡No te tragues las semillas, terminarás empachado!
He de admitir, abuelo Raúl, que hay otras semillas
que he tragado de forma voluntaria.

EL CHIRLO

I

¿A dónde te fuiste Toribio?
te recuerdo en *medallas, novenarios, calcomanías*
o tenis con foquitos para cruzar la frontera
el santo más taquillero de los noventa
escondido tras las vides desatendidas
entre obeliscos de arena y flora desértica,
el conmutaje hacia un trabajo
 al que jamás hemos llegado.

Ya no eres quien protege a mi gente
        entre panaceas y parnasos
¿cómo *coloniza sus miedos*
            quien espera un milagro?
aunque ofrezca un dólar con veinte a una de tus
veladoras
ya no me escuchas porque ya no hay plegarias
no se hizo la miel para el hocico de los burros.

Ya no eres puente de confines
cuando se acerca *la migra,*
te es indiferente el tacto del páramo
la paralización del trabajo,
        los términos jurídicos
                de mi nacionalidad.

¿A dónde te fuiste Toribio?
¿Cuándo termine el ayuno cumplirás nuestra manda?

II

Cuando era niño
los sueños eran solo cuencos
y desfiles inquietantes.

Un éxodo continuo
se mezclaba con las oraciones a Toribio,
un guijarro pulido por el Río Bravo.

Su sotana ondeaba entre la memoria colectiva
        y el dolor del desarraigo.

Cuando era niño
aprendí que la fe es carga y bálsamo,
que los santos también se cansan
ante caminos largos.

Ahora, mi desierto está tan lleno de fantasmas,
huesos ansiosos de un nombre.
El olvido se volvió un lugar común.

Hoy los rezos son distintos:
la madera que escupe cualquier costa,
una ventana con vista hacia un muro
        de ladrillos en el fondo.
Se teoriza la inercia.
        Guerra, desplazo, exilios,
catástrofes que no conocen fronteras.

Los cauces son otros en el nuevo milenio.
Ya no se espera un milagro.
      Se busca una fe que perdure,
            un lugar al cual pertenecer enteros.

Ya no hay capillas ni lugares comunes
      para ninguno de nosotros.

Toribio,
necesitamos un refugio
          más que a un santo.

PAROLE

La verdad es que al hombre
no le cuesta mucho trabajo crear discursos demagógicos
            y mentiras amorosas
entre ojos verdes deslavados y caras blanquecinas
que no han sido expuestas al sol durante años
nos espera la nada;
antes de los intereses de los sectores
están los intereses de la patria;
instituciones eficientes para evitar un estallido;
recados al otro mundo
            cuotas de desamparo
                        expiación para franquear el tránsito.

Antes la ley *Simpson-Rodino,* ahora los *paroles*
los mexicanos vendíamos petróleo y brazos
embates incisivos de un eterno cáncer
                  ¿cuántos percebes debo cargar en mi pecho
                              para nadar de puerto en puerto?

NOTA AL LECTOR

Las apropiaciones, marcadas en cursivas, fueron tomadas de comerciales de televisión abierta mexicana de los años noventa, así como notas periodísticas del mismo periodo histórico, publicadas en: el *Meridiano de Nayarit; El Nayar; Vanguardia y El Observador de Nayarit.* Estas notas hablan de diversos problemas sociales de dicho estado, como la crisis económica, el declive del trabajo en el campo y el aumento del flujo migratorio nayarita hacia Estados Unidos.

Las primeras versiones de algunos de estos poemas se escribieron gracias al Programa de Estímulo a la Creación y Desarrollo Artístico (PECDA) Nayarit, 2023. A quienes hacen posible que exista esta clase de apoyos, así como a Cecilia Magaña y Mijail Lamas por su apoyo a lo largo del proceso, mi reconocimiento

ÍNDICE